AF357131

ÉCOLE SAINT-CHARLES

DE LA

PREMIÈRE ÉDUCATION

DISCOURS

PRONONCÉ

PAR LE R. P. FAGES, Professeur de Rhétorique,

Directeur de Saint-Joseph.

LE MARDI 25 JUILLET 1876

SAINT-BRIEUC

Imprimerie de Francisque GUYON, Libraire-Éditeur

RUES SAINT-GILLES ET DE LA PRÉFECTURE.

1876

DE LA

PREMIÈRE ÉDUCATION

Monseigneur,[*]

Mesdames, Messieurs,

Dieu a confié à la mère le berceau, c'est-à-dire presque tout.

Jetez un coup d'œil sur les phénomènes de la nature : le fruit qui, au jour de sa floraison, n'a pas eu de soleil, est un fruit perdu ; le ver le ronge intérieurement, il ne renferme que de la cendre. Elle le sait bien cette plante souffreteuse qui, née à l'ombre asphyxiante des grands arbres, se penche avec effort vers la lumière, violente les lois de l'équilibre, se tord, et subit le malheur d'être difforme, pour aspirer quelques chaudes effluves de l'astre qui donne la vie.

Les leçons de la vie apportent encore ici leur lumière parfois si douloureuse. J'ai rencontré sur mon chemin des êtres choisis : ils avaient le front large, et la pensée y siégeait rayonnante ; leur regard étincelait du feu du génie ; l'intelligence était active et féconde, le cœur débordait de l'amour des grandes choses ; et toutes les puissances échauffées par l'ardent foyer intérieur prenaient un essor grand comme le vol de l'aigle ; et l'infini s'ouvrait, domaine désormais conquis de

[*] Mgr David, Évêque de Saint-Brieuc et Tréguier.

ces âmes privilégiées. Sous le souffle de leur parole, les foules se courbent et palpitent; si vous approchez de ces cœurs, vous êtes dominés par les rayons puissants qui en émanent....

Mettez ces hommes à une épreuve durable, confiez-leur une œuvre de longue haleine : bientôt vous apercevrez je ne sais quelles étranges lacunes, des caprices soudains et inexpliqués, des heures de noire tristesse, des manques de logique désastreux et sans cause. L'impuissant venu de l'inachevé, tel est leur bilan triste et définitif : l'amour d'une mère, doux soleil de l'humanité, n'a pas éclairé leur berceau. Ce n'est pas leur faute, et il faut les plaindre. Mais à côté de ceux-là il y en a d'autres, vulgaires ou méchants, qui ont eu des mères, et des mères honorées. Je ne nie pas le libre arbitre, mais j'affirme qu'il y a eu, de la part de ces mères, oubli plus ou moins complet de leur saint et unique devoir.

Tous les hommes vraiment grands, c'est-à-dire grands et bons, ont eu de saintes mères. Il faut de tels hommes à l'avenir, Mesdames. Laissons le passé à la miséricorde, et pleurons sur les écarts de nos fils aînés; mais remanions sans défaillance le code, si doux d'ailleurs, de l'éducation première de l'enfant.

I.

L'homme est un être enseigné; il l'est toute sa vie. Qu'on le veuille ou non, nous ne faisons que combiner des choses apprises; toutes les révoltes de l'orgueil n'y feront rien : la raison n'est que cette divine lumière qui éclaire tout homme venant au monde, développée par le ministère des créatures : cela correspond à notre nature éminemment sociable, tellement sociable qu'aux extrémités de l'échelle, en fait d'éducation, nous confinons d'un côté aux instincts farouches de la brute, et de l'autre, par un bienfait magnifique de Dieu, à la participation de la nature divine. D'où il suit que la responsabilité de ce que l'homme sait, et par conséquent de ce qu'il fait, incombe à celui qui enseigne.

Il ne faut donc point dire : qu'importe ce qu'on chante autour du berceau de l'homme? car il l'entend toute sa vie. Et le berceau commence dès l'heure fortunée où, sentant tressaillir en elle un fruit de vie, la jeune mère ouvre son âme aux grandes choses, pour faire épanouir l'âme de son enfant; et jette un regard profond sur Dieu se recueillant, Lui aussi, pour former un homme.

Le voilà venu à la vie, cet être si attendu, à qui Dieu fait le divin cadeau d'une âme immortelle, rayon émané de son cœur. Tout a été prévu, tout disposé pour l'accueillir, pour lui sourire et lui faire fête; en sorte qu'en s'ouvrant pour la première fois, ses lèvres n'aspirent qu'un air imprégné de tendresse; et qu'avant même de voir la lumière, il puisse sentir l'amour. On vous a tout dit sur le charme enivrant qui ressort pour vous de cette couronne aimée de chérubins aux blonds cheveux. Il y a le poème de l'*Amour maternel*, il y a le *Livre des Mères*, et le *Livre des Enfants* : tous frais tableaux d'un bonheur encore trop méconnu, tous chefs-d'œuvre de sentiment et de grâce. Mais, il faut bien l'avouer, le vrai côté de la question, celui qui touche à l'âme de l'enfant, est resté dans l'ombre. Et je ne suis pas surpris qu'un homme qui a tracé, dans ce siècle sans foi, un magnifique sillon au champ des âmes choisies, ait voulu consacrer son beau talent au *Livre des Mères chrétiennes* (1).

Les joies du berceau sont telles, disait une mère, que, venues toutes ensemble, elles étoufferaient le cœur; il faut le temps de les savourer. Laissez-moi vous dire que cela est vrai surtout du développement de l'âme. Vous êtes libres, grâce à Dieu, dans ce beau pays, des injonctions de cet infime et vulgaire tyran qu'on appelle la *coutume*; ici, tout est encore à sa place : la mère au foyer, l'enfant sur le sein de sa mère.

S'il est vrai que la transsubstantiation de toute la personne humaine s'opère en moins d'un mois, par l'évaporation et le

(1) M. l'abbé GAY, vic. gén. de Poitiers.

travail de la vie, ne craindriez-vous pas que votre enfant, si tendre, si avide d'éléments vitaux, ne perde, durant cette longue année, la première de son existence, vingt fois ce qu'il a reçu de vous ? Ah ! je comprends l'acte de cette reine qui, apprenant qu'une autre femme avait un instant allaité son fils, s'empressa de le débarrasser de ce lait étranger. Eh quoi ! votre enfant, à vous, il pleure, et vous ne seriez pas là ! Et sur qui donc tombera son premier regard, sinon sur sa mère ? Et faudra-t-il qu'il subisse l'erreur si triste d'adresser pour la première fois à une étrangère ce mot si doux, si doux, qu'il n'a pu rester dans la langue des hommes ?

Et il est si docile alors, ce cher petit ange ! il veut si bien s'épanouir à la vie ! L'enfant va à sa mère par tout son être, et cela par instinct ; son âme a besoin du lait de votre cœur, comme son corps a soif du lait maternel. Ils sont tels les liens qui unissent la mère et l'enfant que vous auriez, au nom des lois les plus sacrées de la nature, le droit d'accuser une société barbare qui le séparerait de vous ; vous auriez presque droit d'accuser Dieu !

Faut-il vous dire maintenant que l'enfant est la sécurité de la famille, aussi bien que sa joie ? Ah ! prenez garde qu'il ne doive, sous peine d'être ingrat, porter ailleurs la meilleure part de son cœur ? Si l'enfant ne peut pas retenir le père et la mère au foyer domestique, c'est à désespérer de l'avenir, parce que Dieu ne travaille, pour les peuples comme pour les individus, que sur des sentiments naturels. Mais alors, qu'est-ce que la femme du monde, et ces vaines préoccupations, et ces longues visites, et ces soirées durant lesquelles l'enfant est seul à la maison ? — Il est vrai qu'il a sa bonne ; et peut-être aussi, raffinement très-appréciable, que cette bonne est anglaise... ou allemande !!! Que vous dit donc le mot de PATRIE, si vous ne comprenez pas cette aberration étrange ? Je sais bien qu'il faut des bonnes ; et je salue ici cette perle précieuse, qu'on ne trouve plus que dans ce béni pays de Bretagne, la vieille bonne qui a élevé toute la famille, vraie doublure de la mère, dont elle ne veut que seconder l'action. Elle aussi

avait assez puissamment aspiré Dieu pour le donner à ses
nourrissons, dans la mesure de ses forces; et cette mesure
était grande, car c'était la mesure des simples, glorifiés spé-
cialement par le Christ.

Hélas! ce n'est pas seulement le soir que l'enfant est aban-
donné à des mains étrangères; c'est durant de longs jours,
de longues semaines, de longs mois. Car le foyer pèse, horrible
misère! la famille est un fardeau, l'intérieur une prison où l'on
étouffe. Il faut les bains de mer, avec leur entassement non
moins coûteux que chargé de malaise; il faut les longs voyages
aux pays du beau monde.... Ah! Mesdames, l'enfant qui perd
sa mère perd une si douce chose! si douce, qu'il n'y a rien
d'égal à la douleur de l'orphelin, sinon peut-être votre propre
douleur, quand vous perdez votre enfant : laissez-lui ce trésor
tant que Dieu le permet.

Vous l'avez compris, n'est-ce pas? il ressort du contact de
deux êtres un élément de vie ou de mort. Vous avez senti
et pénétré ce frémissement du Christ, quand une femme
toucha sa robe, et qu'une vertu sortit de Lui. Les rêves d'une
mère, on en a fait l'histoire, et je n'en connais pas de plus
légitimes. Vous voulez qu'il soit aimable et beau, votre fils?
eh bien, votre secret à vous, Mesdames, n'est-ce pas de donner
de l'attrait à tout ce que vous touchez : que sera-ce de cet enfant
qui est le vôtre, et qui ne sera pas sorti de vos mains?

A mesure que l'enfant grandit, le travail de la mère se mul-
tiplie aussi, vaste horizon de bonheur, ouvert du côté du ciel.
Dans les premiers temps, et quand elle est, pour ainsi dire,
encore embryonnaire, il faut préparer les abords de l'âme.
Quelques détails sont ici nécessaires; ils le seraient tous, et il
vous faudra suppléer à mon incomplète énumération.

Pensez bien, et parlez bien devant les enfants; parlez bien
dans tous les sens. Je n'ai jamais compris pourquoi l'on *zézaie*
avec eux. Pour se mettre à la portée de leurs organes, sans
doute? — C'est-à-dire que, juste au moment où il faut développer ces organes, vous leur feriez croire que cette phoné-

tique un peu niaise est le vrai langage, s'ils ne vous surprenaient parlant autrement dans l'ordinaire de la vie. Pourquoi les obliger à désapprendre, fastidieuse et pas toujours facile besogne? On est en train, Dieu merci, de refaire l'enseignement des langues, et le temps vient où il ne sera plus nécessaire de passer huit des meilleures années de sa vie pour ne pas savoir deux langues, faciles en somme. Commençons cette réforme par la nôtre, et par les enfants. Il n'en coûte pas plus pour apprendre bien que pour apprendre mal, il en coûte moins.

Quant aux choses que vous dites, vous n'en êtes plus, je suppose, à cette naïveté douloureuse qui fait dire à quelques inconsidérés : « Il est si jeune, cela ne saurait l'atteindre. » C'est précisément parce qu'il est jeune qu'il est atteint. Et supposé, ce qui est douteux, que la lumière n'éclate pas sur-le-champ; il y a un germe déposé, devant éclore tôt ou tard, avec cette ténacité infaillible des mauvaises herbes qui défie tous les soins du laboureur. Vous avez là, au contraire, un tout-puissant levier, qui est l'imitation. L'homme est ainsi fait qu'il tend toujours à imiter, mais c'est l'état propre de l'enfant. Quand vous y pensez le moins, cet instinct travaille en lui.

L'imitation conduit à l'habitude, état formidable, sillon définitif creusé souvent aux premières heures, et qui peut devenir un gouffre sans fond. On a dit sous toutes les formes que l'habitude est tout au pauvre cœur humain, ou, plus énergiquement, que l'homme est un animal d'habitude. Cette puissance est telle qu'elle neutralise les plus instinctives répulsions : chacun sait les habitudes parfois monstrueuses que contractent certains enfants, et qu'il est presque impossible de déraciner.

Parlerai-je de la vanité, cette sotte, vilaine petite chose qui naît avec nous, et qui ne meurt qu'après nous ? Je ne voudrais point voir les petits garçons emprisonnés dans d'étroits et brillants hauts-de-chausses: rien de plus propre à fatiguer et à rétrécir l'esprit que cette éternelle crainte de se déchirer. Songez que vous avez affaire aux êtres les plus remuants de la création, et que le mouvement, pour eux, c'est la vie. Pourquoi leur infliger ce barbare et très-inutile supplice ?

Il est une autre sorte d'admiration dont les enfants peuvent être l'objet : ce sont les saillies de l'esprit, clinquant sonore qu'il ne faut jamais échanger contre l'or du bon sens. En général, les petits phénomènes de trois ou quatre ans sont d'assez pauvres écoliers à quatorze. Je ne saurais trop vous prémunir contre la vanité, marque évidente de la nullité au dedans, et qui est tout juste le sentiment de notre non-valeur. Si l'orgueil peut, à une certaine heure, être la source de grandes vertus, la vanité est, à coup sûr, la mère de toutes les petitesses. Elle suppose toujours une infériorité. Dieu ne se vante pas : voyez l'Evangile. Dieu parle bien de Dieu, dit Pascal; et le roi du roi, parce qu'il y a grandeur réelle; mais l'homme de rien se vante, et il le faut bien.

Les enfants ne sont pas des jouets : ne les aimez pas pour vous-mêmes ; aimez-les pour eux, aimez-les pour l'avenir, aimez-les pour la Patrie, aimez-les pour Dieu. Elle est bien délicate pour une mère, je le sais, la tentation d'embellir et de faire admirer ces petits chérubins qu'elle aime tant ! Mais il est des moments où la mère doit être héroïque. Elle peut l'être par nature et par grâce. Et j'affirmerais volontiers que si l'enfant doit être un jour un héros, il le sera parce qu'il se souviendra de cette heure de courage maternel qu'il aura fort bien remarqué. Ils ne s'y prêtent que trop bien, d'ailleurs, à cette petite idolâtrie universelle, et croient, comme nous, qu'une vaine louange n'est pas achetée trop cher par beaucoup de souffrances.

Gardez-vous bien de changer les rôles, et ne soyez pas les esclaves ou les serviteurs de vos enfants. Ce qui peut leur arriver de mieux, c'est de ne pas obéir par force, et surtout de n'être obéi par personne. La faiblesse a aussi son despotisme, Mesdames !

Ici trouve naturellement sa place la question du châtiment : question la plus délicate, et la plus chargée de périls moraux.

Quiconque accepte l'autorité s'engage à avoir toujours la raison de son côté, surtout lorsqu'il s'en sert pour punir. Vous aurez raison en fait, en vertu de cette autorité même ; malheur à vous, et malheur à lui, si vous n'avez pas raison en droit. La justice est innée dans l'enfant ; elle est très-lumineuse et à peu près infaillible. Il méprisera ceux qui le récompenseront sans qu'il l'ait mérité ; il haïra ceux qui le punissent plus que sa faute. Je n'hésite pas à avancer que, si vous devez vous tromper, il vaut mieux pécher par excès d'indulgence. A côté de la force est toujours la bonté ; à côté de la violence, toujours la faiblesse. C'est ainsi qu'un enfant mou est nécessairement violent, parce que le ressort qui résiste fait défaut ; c'est ainsi encore que les caractères emportés sont sujets à toutes les réactions des plus déplorables défaillances.

Créer implique douceur et patience ; corriger, deux fois plus. « J'accuse toute violence en l'éducation d'une âme tendre, qu'on dresse pour l'honneur et pour la liberté », a dit le très-judicieux Montaigne. L'Arabe n'emploie que les caresses pour élever ce noble animal que tous les peuples lui envient. Ce n'est pas rien que le sanglot de l'enfant, ce frémissement de l'acier qui se trempe. Punissez par la privation d'un bien moral, d'une caresse, par exemple, ou d'un acte de bienfaisance. D'ailleurs, si la tristesse de sa mère n'est pas capable d'arrêter un enfant, rien ne l'arrêtera.

Menacez peu : vous habituez l'enfant à se défendre d'avance contre l'impression du châtiment. Un châtiment non prévu, s'il est mérité, vaut mieux que vingt menaces, même réalisées ; et souvent il suffira pour tel genre de fautes, parce que l'esprit de l'enfant aura été frappé. S'il y a colère et fureur, attendez. Non-seulement vous ne devez agir que dans le plus grand sang-froid, mais encore agir sur l'enfant redevenu calme. La colère est une courte folie : que peuvent faire de bien deux fous dans un accès ? Profitez de l'occasion pour lui dire qu'il ne faut pas se mettre en colère contre les objets, parce que cela ne leur fait absolument rien. Ne promettez pas non plus sans discernement : le devoir a sa valeur propre ; il faut que la meilleure récompense en soit dans l'accomplissement même, et dans ce parfum de l'âme qui le suit. Ne promettez pas, parce que on ne vous saura gré ni de la promesse, ni de la réalisation : de la promesse, parce que ce n'est qu'une promesse ; de la réalisation, parce qu'elle était due.

Pour saisir les mille nuances du caractère qui s'ouvre, l'œil de la mère seul, guidé par le cœur, est assez clairvoyant. Si vous voulez que ce dédale mystérieux ne cache pas quelque recoin important, observez les jeux. Le jeu est un miroir magique au travers duquel on peut voir ce que sera l'homme, et tout ce qu'il faut faire pour le mener à son but. Là, mille circonstances, imperceptibles à un œil indifférent, deviendront des indications précieuses. La vivacité, les petites contrariétés, les passagers dépits en diront plus que des années entières d'état normal. Il ne faut pas rire des joujoux des enfants. On a dit : les joujoux des enfants sont des affaires, et les affaires des hommes sont des joujoux. N'est-il pas vrai qu'en fait de poupée, par exemple, ce n'est qu'une question de taille, et que l'enfant, berçant sa poupée, se retrouvera tout entière plus tard dans la mère de famille ?

Ne soyez pas prodigues pour votre enfant ; je voudrais qu'il fût toujours tenu en éveil par l'excitation du désir. C'est ce que le proverbe hygiénique exprime en ces termes : Sortir de table, ayant encore faim. Soyez sobre de tendresses : n'être pas gâté par la tendresse habitue à voir les choses avec sens. J'ai connu un enfant, né cependant avec des qualités éminentes, qui en était venu jusqu'à la haine de sa mère, parce que celle-ci le dévorait de caresses sans cesse renouvelées ; et je n'oublierai jamais l'expression hideuse avec laquelle il fuyait ses baisers, en disant : « Tu m'ennuies, à la fin, toi ! » C'est pour bien des mères, je le sais, un sacrifice pénible ; mais, encore une fois, l'enfant n'est pas un jouet ; et le mot de Pascal est vrai autant qu'effrayant : « Trop de plaisir incommode ; trop de bienfaits irritent. » Ne multipliez pas les joujoux ; vous l'obligez à détruire : la plus triste chose de ce monde, et la plus vulgaire, parce qu'elle est la plus facile. C'est par là que l'on fait des hommes inassouvis, que rien ne satisfait ; grands enfants qui disent toujours : donnez m'en trop ! et qui pleurent de dépit de n'en pouvoir plus.

Les enfants sont beaucoup trop portés à croire qu'il est beau de tout casser ; il faut leur enlever cette erreur. Le beau, c'est de créer d'abord, de conserver ensuite. Faites-le jardiner : qu'il ait une fleur, une simple plante ; qu'il assiste à cette création de chaque jour ; qu'il trempe son âme à ces fortifiantes émotions, et qu'il exerce à l'endroit de son petit parterre son industrie naissante. Il apprendra cette vertu si rare et si forte : la patience, savoir attendre, dernier mot de la puissance humaine. Lutter contre les intempéries, trembler tour à tour et espérer ; hélas ! voir mourir quelquefois, c'est la culture, et c'est aussi la vie ! La plante poussera, fleurira enfin, et donnera son fruit, amour tardif, mais d'autant plus profond. Il l'aimera, sa plante ; il aimera sa vie qui vient de lui !

Ah ! la vie des plantes, la vie de la campagne ! On a eu raison de dire que les champs sont une école de sagesse. Comme le cerveau s'y imprègne avec délices de pénétrantes émotions ! L'air pur, le mouvement de la nature, l'ordre immuable des saisons, le bon soleil du matin ; la lumière, ce doux amour qui nous révèle à nous-mêmes et aux autres dans un premier regard ; la grande lumière, principe de moralité ; ce silence majestueux qui met à l'âme un apaisement fécond d'où naissent les grandes pensées ; ou ces mille bruissements imperceptibles qui développent si bien la finesse des sens, témoin l'ouïe merveilleuse du sauvage ! Quelle source de jouissances dans la perception des harmonies intimes ! Mais quelle source de grandeur aussi quand les impressions premières ont été grandes ! Voyez l'habitant des montagnes ; voyez vos marins : quelle énergie, quelle trempe d'acier ! Ah ! c'est que la grande mer était là, avec ses horizons et ses tempêtes, au premier éveil de l'âme ! Vos villes sont infectes et sombres ; l'âme d'un enfant ne peut y réfléter que les murs noirs, tout au plus les mesquines merveilles des manufactures humaines.

Quant au régime physique, il est très-clairement indiqué par la logique et le bon sens : au lait maternel, faites succéder une alimentation plus forte, mais analogue. L'homme tue pour se préserver de la mort, mais il y trouve la mort à son tour. Tous les excitants provoquent la destruction ; les fruits de la terre et le lait des animaux, tel est le régime normal. Votre forte race bretonne vient de cette alimentation; ne vous y trompez pas, Messieurs. Donnez de bonne heure à vos enfants le goût de la propreté ; qu'ils s'habituent à l'eau froide, et aux brusques transitions de température. Que de maux viennent des précautions exagérées ! Si nos paysans savaient être propres, me disait un médecin, on reverrait les temps de Lamech et de Mathusalem.

Telle doit être, ce me semble, la préparation de ce que j'appelle les abords de l'âme. Vous n'êtes pas de ceux, sans doute, qui entravent malheureusement et de parti pris ce magnifique travail. Il est, dit Chamfort, telles restrictions apportées à l'éducation des enfants qui équivalent à vouloir leur enseigner les mathématiques en leur accordant que 3 et 3 font 8. J'ose croire aussi qu'il n'y a pas dans la famille, à propos de l'enfant, ces tristes dissensions aussi contraires à la dignité qu'au sens commun. La famille se compose harmonieusement d'une autorité indiscutée, d'un ministère dévoué, d'une obéissance affectueuse. Dieu ! que nous serions heureux si ce programme si simple pouvait devenir encore celui de la France !

A quatre ans, la tablette est finie, et prête à recevoir tout ce qu'il vous plaira d'y écrire. Le cœur est formé et susceptible de grandes amours. Il y règne d'ailleurs une transparence merveilleuse qui vous permettra d'apercevoir jusqu'au fond la pensée en travail, et d'assister à la formation des idées. Pénétrons maintenant dans le sanctuaire même, et construisons le temple de cette âme où doit régner Dieu : mission facile en résumé, féconde en charmantes études, en surprises délicieuses; et où se retrouve dans son élément la mère, ce mystère de vie et d'amour.

II.

Si l'homme est un être enseigné, il est, par corrélation forcée, un être croyant. Cela est si vrai que, jusqu'au terme de sa vie, il ne cesse d'être croyant que pour devenir crédule. Quoi qu'il en soit, tous les premiers pas sont des actes de foi aveugle, et cependant souverainement raisonnable. Qui oserait dire que l'enfant n'est pas raisonnable de croire sa mère, et à sa mère ? car pour lui c'est le salut. N'y a-t-il pas là un jour lumineux jeté sur ce fait évangélique : l'enfant, le petit enfant donné pour type idéal à la perfectibilité humaine ? Il ne s'agirait plus, dès lors, que d'étudier l'enfant, de fixer en lui ce qu'il est, et de le maintenir dans le même plan ; ce qui, certes, n'empêchera point les développements larges, hauts et profonds.

Les enfants ignorent beaucoup. Vous étonnerai-je en affirmant d'abord que c'est leur charme, ensuite que c'est leur force ? Et n'est-ce pas encore celle des hommes ? Mais aussi quel retentissement une parole a-t-elle dans un cœur d'homme, et surtout dans un cœur d'enfant ! On ne saurait trop le redire, il n'y a ici qu'une voix autorisée, c'est celle de la mère. M. Ozanam disait : « Autour de tous les berceaux il y a des femmes. » Je n'ai pas à vous apprendre que le berceau de l'Eglise fut divinement entouré par la Vierge Mère du Rédempteur, et que sainte Clotilde pleura, pria et vainquit autour du berceau de notre monarchie. C'est une loi, loi merveilleuse à laquelle correspondent, de la part de Dieu, une intuition surnaturelle, un désir inassouvi, des trésors inépuisés de patience et de force, attribués à la femme, à celle-là surtout qui est honorée du titre sacré de mère.

Une mère doit la foi à son fils, parce que la vie est dure et que la mort est proche. Elle la lui doit parce qu'elle l'aime, et que le besoin de l'amour c'est de donner le bonheur. Avec la vie, et en attendant la gloire, Dieu n'a pas trouvé de plus magnifique don à faire à l'homme que la foi : c'est son présent d'amour. L'histoire de la maternité est là tout entière. Un enfant impie serait un monstre, comme une femme impie. Rien qui serre le cœur et fasse monter les larmes, comme ces fronts sans auréole, où ne se reflète pas la présence de Dieu. C'est un ciel sans soleil, un œil sans regard, un de ces phénomènes terribles qui révèlent la plaie profonde de l'humanité.

Nul n'est sage s'il n'est pieux, dit Joubert.

Depuis l'instant de sa conception jusqu'au plein jour de la raison, l'enfant n'apprend pas, il respire. Tel air, tel sang ; tel milieu, telle influence. L'âme subit cette loi bien plus encore que le corps. Tout l'être humain est comme ces substances simples et primordiales qui échappent à la cornue du chimiste, parce qu'elles se combinent avec tout, qu'elles ont pour tout une extrême affinité. Et ce travail, ou plutôt ce phénomène d'assimilation, se fait d'autant plus rapide que l'ensemble de l'être est plus dégagé, plus libre encore. A vous de voir ce dont vous voulez saturer, à mesure qu'elle se développera, la substance de l'âme de votre enfant.

Il faut répéter ici ces quatre vers, effroyable cri d'angoisse rétrospective et de malédiction, aussi bien que programme lumineux de l'œuvre maternelle :

> Le cœur de l'homme vierge est un vase profond :
> Lorsque la première eau qu'on y verse est impure,
> La mer y passerait sans laver la souillure,
> Car l'abîme est immense, et la tache est au fond.

Telle serait l'œuvre au simple point de vue humain. Le chrétien a de plus sous le regard les horizons dévoilés, et les appropriations effectuées par le baptême. En Dieu, c'est la porte ouverte à toutes les effusions de sa vie ; dans l'enfant, c'est le droit de tout recevoir, et la capacité de tout contenir. Tout homme baptisé porte un Dieu dans son sein ; à la lettre et sans exagération, il y a un germe divin déposé par le baptême dans ce fragile enfant d'Adam.

La prédestination d'un enfant, disait Lamartine, c'est la maison où il est né. Disons mieux : c'est sa mère. Et puis, est-ce donc trop d'honneur fait à Dieu, que la mère elle-même soit là pour l'aider et le servir, quand il travaille, Lui, sans interruption, au développement de son œuvre ? Dieu veille près du berceau des grandes choses, a-t-on dit : et une âme est la plus grande chose de ce monde. Que les hommes centuplent les forces de la matière pour accomplir ces prodiges chaque jour plus merveilleux : centuplez, vous, les forces de votre cœur ; la sphère des miracles vous sera ouverte, vous les accomplirez en votre enfant.

Il faut des croyances à vos fils, Mesdames ; il les faut profondes, plus profondes que les racines mêmes de l'être. Quelle mère ne tremble pas devant l'avenir ? Où iront-ils dans cette mêlée de toutes les convoitises ? quel flambeau les éclairera dans ces universelles ténèbres ? Cette lutte suprême du bien et du mal, combien de morts d'âmes la signaleront ? qui osera compter les cadavres ? Je ne parle pas des blessés, ils le seront tous. Qu'est-ce qui l'attend, ce fils, au sortir de vos bras ? qui est-ce qui est là derrière cette porte, qu'il va franchir pour n'y plus revenir peut-être ? Vous voulez être calmes, et vous vous accusez d'illusion; mais au battement incomprimé de vos cœurs, vous sentez bien que c'est un ennemi. Et dans quel tourbillon va-t-il l'emporter ? à travers quels abîmes ? car vous savez bien qu'il y a des abîmes, et vous n'osez y plonger le regard. A travers l'épaisse nuit, vous distinguez loin, bien loin, une lueur indécise. Est-ce une aurore ? Est-ce la sombre clarté de la lampe funéraire ? Et ce cri s'échappe de vos poitrines impuissantes contre les sanglots : Ah ! du moins, qu'il meure en chrétien ! Oui, que du moins il meure en chrétien ! Et pour atteindre ce but désirable et problématique encore, il faut la foi, l'ardente foi, la foi vivante, vaillamment implantée aux sources de l'être, et cultivée sans défaillance. C'est votre œuvre à vous ; et quand Dieu vous demandera votre fils, vous ne pourrez pas lui répondre : Est-ce que vous me l'aviez confié ?

Ah ! Messieurs, je ne voudrais pas davantage attrister vos esprits : mais si beaucoup d'entre nous se lèveront au dernier jour pour bénir leur père et leur mère, combien se lèveront aussi pour les maudire !

A côté de la foi spéculative qui veille au fond du sanctuaire, il faut mettre l'esprit chrétien qui dirigera toute la pratique de la vie. C'est, toujours et partout, rechercher la loi immuable, c'est-à-dire le beau, le grand, le juste et le vrai. Je marchais, dans la largeur, est-il dit quelque part dans l'Ecriture, parce que je recherchais la loi (1). Quelle parole, et quels horizons ! De là cette formule de sagesse féconde : sacrifier le présent à l'avenir. De là l'ordre admirable, et qui, troublé, met en péril la raison humaine : l'usage de la liberté dans le bien, *vouloir* l'effort, la subordination, le sacrifice, sans lequel rien, en somme, ne s'accomplit ici-bas.

D'ailleurs, rien d'extraordinaire dans tout ceci : l'esprit chrétien n'est que le cœur humain développé ; c'est l'arbre à fruit enté sur le sauvageon ; c'est Dieu mis à la place d'une idole. Toutes les idoles sont égoïstes ; si vous ne détruisez pas dans votre enfant les germes de cette idolâtrie de soi-même, vous ne tarderez pas à en être punis, et lui aussi ; car l'égoïsme est avant tout l'amour de la souffrance d'autrui ; il est ce qui, en dernière analyse, se tourne le plus contre nous. Vous avez été témoin, sans doute, de l'isolement affreux des égoïstes.

Celui qui a peu aime davantage. Il est bon qu'on ait besoin les uns des autres : la richesse sépare, la pauvreté unit. De quel amour le prisonnier aime son humble fleur éclose entre deux pavés, ou l'araignée qui tend sa toile aux angles du cachot ! Que l'enfant apprenne à s'appuyer sur autrui, à sentir

____

(1) *Ambulabam in latitudine, quia mandata tua exquisivi.*

(Au Livre des Psaumes.)

l'infirmité de son isolement. Il sera sociable plus tard, et il comprendra que l'homme ne pouvant rien tout seul, il lui faut supporter les défauts de ses amis, et l'insuffisance de ceux qui veulent bien l'aider. Le meilleur guide ici serait une disposition toute d'amour, qui nous porterait à voir chez les autres, et en tout, les choses essentielles, et non les accidentelles. Ah ! que cette vue bien claire sur les choses humaines nous éviterait d'inutiles tristesses et de fausses manœuvres !

Les saveurs délicates de la bonté sont inconnues aux enfants blasés ; et l'enfant se blase facilement, comme il jouit beaucoup de très-peu de chose. Se dévouer, d'ailleurs, n'est-ce pas jouir ? Initiez-le de bonne heure aux joies intenses du dévouement. Qu'il soit attentionné : faute d'attention on marche sur le pied des gens ; faute d'attention, on leur marche souvent sur le cœur. Qu'il ne détruise rien inutilement, et qu'il ne détruise rien sans pleurer. Si cet âge est sans pitié, c'est notre faute ; et c'est là un de ces jours mauvais jetés sur le cœur humain par le soi-disant bonhomme La Fontaine. De lui-même, l'enfant est porté à plaindre tout ce qui souffre. La férocité précoce qu'on remarque chez un beaucoup trop grand nombre, n'est pas une des moindres preuves de la puissance de l'exemple à violenter la nature.

Le bonheur est fait de charité. Vous assurerez son bonheur, qui est votre rêve, en développant en lui l'amour, depuis la pitié pour la fleur qui manque d'une goutte d'eau, jusqu'à l'amour du Dieu crucifié. La pitié est une des formes les plus douces de l'amour, c'est peut-être l'amour même. Quoi qu'il en soit, l'amour est le baromètre de la civilisation ; la barbarie commence et se consomme dès que les cœurs ont cessé de battre ; dès qu'on a cessé de s'aimer les uns les autres, pour s'embrasser soi-même dans les étreintes mortelles de l'égoïsme. Plus d'un, qui a jeté un regard attentif sur notre pays, affirme que nous ne sommes pas loin de ce triste résultat.

Dites-lui souvent que la seule raison de la diversité des biens, c'est de pouvoir donner et recevoir ; que le lien unique de la société est là, et qu'elle tomberait le jour où tous les biens seraient également partagés. Il vous a dit un jour, en vous entraînant vers un de ces petits êtres qui chantent avec des larmes dans la voix : « Il n'a donc plus de mère ! » Ce jour-là, son cœur s'est révélé. Je voudrais que toute mère à qui Dieu n'a pas refusé les biens de la fortune, eût un enfant d'adoption au bonheur duquel elle attachât le salut de son fils. Celui-ci aurait toujours l'attrait du bien à faire, et sous les yeux cette importante leçon : pour être heureux, il faut regarder plus bas que soi. Ces mille riens, qui sont l'histoire adorable de la première petite enfance, toute de joie, sans mélange ni regret, il faudrait qu'ils rappelassent chacun une bonne action.

Vous surveillerez avec un soin jaloux l'éveil progressif de la raison, ce reflet de la clarté divine dans l'âme, selon la belle définition de saint Thomas; et avec cet infaillible instinct maternel, vous proportionnerez l'enseignement à la lumière intérieure. Je ne voudrais pas une éducation toute sentencieuse; mais j'ai remarqué que des maximes courtes, sous une formule choisie, saisissent l'esprit de l'enfant, et s'y gravent comme sur l'airain. Les bonnes maximes nourrissent la volonté. Il en est une, à cet âge, qui est toute l'histoire de son cœur, en même temps que son attrait le plus doux. Elle est dans ce mot : « Aimez bien votre mère. » Il en est un autre tout aussi simple, et qui rayonne sur toute la vie : « Enfant, ne crains que le remords. »

La Providence vous met entre les mains un élément d'une force sans limites : c'est l'insatiable curiosité de l'enfant, passion primordiale et décisive. Il interroge sans cesse : répondez toujours, et toujours juste. Si la question est indiscrète, ayez confiance dans cette lumière que Dieu vous doit comme grâce d'état; votre cœur vous inspirera, et vous n'irez pas plus loin qu'il ne sera nécessaire. En voulez-vous une preuve ? Elle est de Joubert : « Êtes-vous sage ? » est une question que les enfants comprennent toujours, qui va jusqu'au fond de leur être, et qu'on ne leur explique jamais. Surtout, n'altérez pas la vérité, vous tueriez en lui la confiance. A tout prendre, j'aime mieux une révélation quand les sens dorment encore, que lorsqu'elle doit avoir un contre-coup subit sur le cœur ému.

Du reste, et cela résulte de notre définition de l'esprit chrétien, dilatez sans cesse, dilatez toutes ses puissances. Offrez des exemples plutôt que des leçons; l'enfant conclura tout seul. Il a l'instinct du juste et du bon, faites-les-lui voir appliqués. Ne lui dites pas d'admirer, vous arrêteriez son élan; admirez devant lui. Faites tout pour développer en lui le sens admiratif, jamais le sens critique. Autant l'un élève et agrandit, autant l'autre rapetisse et rabaisse; l'un est ouvert du côté du ciel, l'autre du côté des choses basses. Le rire et l'admiration sont la mesure exacte de l'avilissement d'une âme comme de celui d'un peuple. D'ailleurs, tout ce qui vient de Dieu, est admirable, il suffit d'avoir l'esprit bien tourné.

Et quel champ ouvert devant lui ! la nature, les palais de nuages, la profondeur de l'azur, le grand soleil, la foudre, les fleurs, les torrents, l'océan et ses abîmes ! L'enfant est artiste éminemment, pourquoi ne l'habitueriez-vous pas aux œuvres de l'art ? Il faut une éducation pour les comprendre et les apprécier; le goût n'est qu'un germe en nous, susceptible de tous les développements comme de toutes les corruptions. Il a naturellement la profondeur des idées et la finesse d'observation, facilitez-lui l'expression. Il faut, pour cela, prendre ses yeux et son cœur. Tout lui paraît grand, parce qu'il est grand au dedans. Pourquoi les bons contes sont-ils si rares ? parce que nous les faisons avec notre regard rapetissé. L'enfant en ferait d'admirables, s'il savait écrire, car le conte n'est que la nature vue avec les yeux de l'enfance. Si du moins vous lui appreniez à ne dire les choses que lorsqu'il les comprend très-bien, à sa façon, en termes toujours propres et lumineux, quelle avance pour le professeur de rhétorique !

M'écarté-je de mon sujet ? Non, Messieurs. Comme elle serait, en effet, *naturellement chrétienne* l'âme ainsi élevée, et comme elle réaliserait cet autre mot de Tertullien : *Anima plena modulatione !* Choisissez l'heure de l'enseignement : ces heures où éclatent les enchantements de l'innocence, les ravissements de l'âme vierge. Dieu alors doit être servi tout brûlant, si vous voulez me passer une expression singulière qui seule rend ma pensée. Il faut faire *sentir* la Religion à l'enfant. Le doux et tendre Fénelon disait : « Partout où le Fils de Dieu sera aimé et senti. » L'esprit s'entera sur le cœur avec une sûreté magnifique, comme plus tard les mathématiques abstraites sur les branches luxuriantes de la littérature et de la poésie, et la sève montera à plein flot !

J'ai dit un mot des châtiments. Hélas ! c'est là le point noir de tout horizon humain. C'est presque une triste nécessité pour l'homme d'arriver à l'ordre par le désordre. Tout commence en nous par l'excès. Quoi qu'on fasse, il faut s'attendre à devoir corriger. Heureux si vous avez pris toutes les précautions pour nous épargner de douloureuses surprises, et ces terribles questions : Qui donc lui a appris cela ? et l'angoisse d'une première défaite et du premier secret. Ici, comme partout, la médecine préventive est la meilleure. Tenez compte de l'attrait funeste du fruit défendu, et ne lui donnez pas une importance inutile : s'il ne vous est pas possible d'en écarter l'idéal, multipliez entre lui et la volonté de l'enfant des intermédiaires innocents. Il usera sa perversité naissante à lutter contre ces premiers obstacles. Occupez l'enfant pour qu'il ne rêve pas, et habituez-le à penser tout haut.

Mais tôt ou tard sonnera cette heure triste et solennelle où l'enfant tout imprégné, par vos enseignements, de la crainte de Dieu, a oublié sa présence. Dieu ne l'a pas frappé, comme il se l'imaginait dans sa foi naïve. Je me trompe : Dieu a frappé, il a frappé fort, si fort que tous les coups de la foudre ne frappent pas si fort. Devant la première honte, devant cette première larme brûlante, — il n'y a que celle-là de brûlante, — dites-lui avec un accent que vous seule pourrez avoir : « Tu le sens bien, Dieu t'a vu ! » Ouvrez-lui vos bras pour qu'il s'y cache, et se puisse soustraire à cette présence redoutable.

Seuls vos bras maternels ne seront pas des complices. Il en trouvera d'autres plus tard, ceux du prêtre, autre maternel appui préparé par Dieu à l'homme redevenu enfant.

Suivez donc avec anxiété le travail de la conscience, cet autel où l'homme sacrifie Dieu à lui-même, ou lui-même à Dieu. Elle est si vive dans l'enfance ! elle est si douloureuse l'heure du premier remords ! Autant les petites craintes, les peurs mesquines rétrécissent l'âme, et rendent le cœur pusillanime, autant il est vrai de dire que seul l'enfant capable de grandes craintes est capable de grandes vertus. Je vous l'ai dit, la crainte du remords est celle-là.

Concluons ce discours. Je ne me fais pas illusion sur les obstacles qui peuvent surgir ; mais Celui qui a donné à la fragile hirondelle la force de traverser les océans, Celui-là a créé invincible le cœur d'une mère. D'ailleurs, tout ce qui doit grandir a de difficiles commencements. Faites-vous un point d'appui de l'obstacle, quand vous ne pouvez l'éviter. L'essentiel, c'est de s'y prendre à temps. Ne dites pas : Il changera. Non, mille fois non ! De décor, peut-être ; de fond, jamais. Tous les défauts doivent être attaqués dès qu'ils apparaissent. Il est tel homme qu'un seul défaut empêche d'être l'homme de la Providence. Le mal n'entre que lentement ; c'est donc votre longue faute s'il pénètre.

Il faut nous donner la terre toute défrichée, ameublie, prête à recevoir toute semence nouvelle. Il le faut, car nous n'avons pas matériellement le temps d'entreprendre ce travail indispensable ; d'ailleurs, nous l'essaierions en vain. N'attribuez qu'à ce défaut de préparation foncière le grand nombre d'études avortées. La base manque ; la preuve c'est que partout où elle se trouve, le résultat s'opère. Nous saurons bien vite ce que vous avez fait pour votre fils, en prononçant devant lui certains mots, votre nom en particulier. Si vous saviez quelle avance c'est pour nous qu'un enfant bien élevé ! Le cœur d'un enfant est un temple ; la mère en est l'architecte, nous n'en sommes guère que les décorateurs.

On a dit que la raison éveillée croit avoir vu autrefois les vérités qu'elle goûte, et que l'intelligence n'est qu'un souvenir. C'est tout simplement vrai : c'est le souvenir de l'éducation maternelle, alors que tout n'était qu'embryon au-dedans.

Enfin, et c'est mon dernier mot ; une femme a perdu le monde, une Mère l'a sauvé. C'est l'histoire du passé comme de l'avenir !

Imp. Francisque Guyou.

www.ingramcontent.com/pod-product-compliance
Lightning Source LLC
LaVergne TN
LVHW012118170726
843501LV00008BC/2922